JN410274

시로 행복하자 선집 2

행복, 詩로 답하다

행복 詩로 답하다

대구시인협회 편

시의 첫행 같은 설레임으로

13대 집행부가 출범하면서 '詩로 행복하자'는 슬로건을 내걸었습니다. 그 실천의 첫걸음으로 지난 해 3월부터 '이 주의 시인'을 선정, 대구시협 까페(cafe, daum.net/dgpoetry)에 대표시 10편과 사진, 프로필을 올렸습니다.

또한 본 협회는 오랜 전통의 영남일보사와 손을 잡고 매주 토요일 16면 고정란에 회원시 1편을 엄선하여 2년간 게재하였습니다. 거기다 영남위크리포유에 대구시인협회 활동상이 전면 4쪽이나 할애되어 실렸습니다. 이것은 대구시문학의 위상과 자존심을 세워준 영광스럽고 고마운 일이었습니다.

지난 해 '시로 행복하자 선집 1' 『詩, 희망을 노래하다』에 이어 두 번째로 『행복, 詩로 답하다』를 발간합니다. 이번 사화집은 영남일보에 2년간 지면을 통해 발표된 시이지만 독자들 곁으로 찾아가는 중요 텍스트가 될 것입니다. 노태맹에서 이하석까지 '이 주의 시인'으로 선정된 92명의 시인들이 마라톤 선수처럼 숨가쁘게 달려 와 이제 그 대미를 장식합니다. 그러나 미진한 부분과 미처 챙기지 못한 시인들에게 미안한 마음을 제야의 종소리에 묻어 둡니다. 다음 집행부에서 새로운 기획으로 다시 만나게 될 것입니다.

니시 가즈토모의 시론집에 "시는 청춘의 문학이다."라는 말이 있습니다. 그렇습니다. 시는 영원한 청춘의 문학입니다. 마악 돋기 시작한 송아지의 햇뿔같은 문청시절의 감각과 삶에 대한 열정이 시를 젊게 합니다. 어느 날 느닷없이 찾아오는 시의 첫행 같은 설레임으로 다시 대구의 시를 꿈꿉니다.

사화집 『행복, 詩로 답하다』를 대구의 시를 사랑하는 독자들 곁으로 보냅니다. 우리 모두 대구의 시로 행복했으면 좋겠습니다. 날로 고도화되는 북한의 미사일 도발과 미국, 중국, 일본 등 열강의 틈바구니에 끼인 우리의 입지는 좁아져만 갑니다. 이런 극한의 혼돈 속에서도 우리는 과연 시로 행복할 수 있을까하는 의구심이 듭니다. 그러나 시는 궁극적으로 인간의 삶의 비젼을 노래할 수 밖에 없습니다. 행복은 결국 시로 답할 수밖에.

2017. 12.

대구시인협회장 박 진 형

차례

| 책을 펴내며 |

1부 꽃 피고 새 우니

2부 어쩌다 여기 자목련 꽃잎이니

3부 커피잔에 내려앉은 가을비처럼

4부 하얗게 눈꽃 핀 상수리나무

5부 허공에 내다 건 깃발

1부

꽃 피고
새 우니

박수의 힘

김원중

젊은 날
처음으로 무대에서 노래를 부른 파바로티
노래가 끝나도 박수치는 사람이 없었다.

객석에서 한 아이가 일어나더니
"아빠, 최고야!"하고 소리쳤다.
그제서야 객석의 다른 관중들도 한 사람 두 사람
일어나더니 박수를 치기 시작하였다.

파바로티는 훗날 세계적인 테너 가수가 되었다.

어려울 때 박수쳐 주는 것이 가족이다.

이 풍진 세상을 만났으니

김선굉

겨울 강둑에 서서 당신의 이름을 부릅니다. 이 풍진 세상을 가로질러 강물처럼 흘러가고 있노라고, 마른 갈풀을 스치는 바람이 대답하는군요. 손을 길게 뻗어 당신의 얼굴을 만집니다. 이런, 약간 여위셨군요. 가는 주름 사이로 우수 어린 표정이 곱습니다. 대구의 외곽을 끼고 도는 금호강은 한 세상 급히 건너고 있는 당신을 향해 흘러가고 있습니다. 부디 강물보다 느리게 천천히 걸으십시오. 가슴을 열어 강물을 맞이하십시오. 몇 마리 오리와 함께 흐르는 강물을 따라 가노라면, 꽃 피고 새 우는 시절까지는 내 몸이 당신 몸 곁에 이를 것 같습니다.

산이 어둠 이쪽으로

이유환

푸른 산이
돌과 바위 하나씩
내려놓고
어둠 이쪽으로 다가오고 있다
산이, 태고적 산이
바람 소리
새 소리
꽃 피고 지는 소리
나무에 물 오르는 소리
산열매 익는 소리
여치 우는 소리
다 버리고
어둠 이쪽으로
다가오고 있다
거대한 목숨 하나로

한 아이가 꽃을 들여다보다

박방희

소녀는 女子 이전의 女子이다

소녀는 닫힌 존재이지만 제 안으로 드는 통로를 가지고 있다 그 통로에는 비밀스런 문이 있고 그 문은 잠겨 있어 자연의 때가 되지 않으면 누구도 그 문을 열 수 없다 때로 난폭한 침입자가 강제로 열고자 해도 문은 더욱 닫힐 뿐, 소녀의 문은 안에서 열지 않으면 부서지는 문이다

소녀는 原形인 女子이다
그래서 나는 세상의 모든 少女를 사랑한다

여남은 살쯤 되어 보이는 少女가 마당에 피어 있는 꽃을 들여다보고 있다 숨을 들이쉴 때마다 꽃의 붉은 기운이 소녀의 코와 입으로 기어들어 전신으로 퍼진다 숨을 내쉴 때는 소녀에게서 빠져나온 피가 꽃 속으로 스며들며 꽃에 붉은 색을 더 하고 뜨겁게 한다 소녀는 나비가 되어 꽃 위에 날개 접고 앉아 웃는다 그 웃음이 꽃잎에 주름을 지으며 땅으로 번지고 하늘로 번진다 그 바람에 소리를 토막 내며 공중을 날고 있던 헬리콥터가 기우뚱한다

피기 전의 꽃!
나는 小女를 사랑한다

안개꽃
—꽃 이야기 1

백종식

꽃이라 불리기 너무 민망스러워서
안개 숲 속에 몸을 숨겼습니다.
풀이라 불리기 너무너무 억울해서
방울방울 하얀 눈물 뿌렸습니다.
꽃으로도 풀로도 살아가기 힘든 세상
점점이 한 맺힌 이 한 생명 위해
누구든 제 이름을 고쳐 불러 주세요.

2014

이규목 / 「봄날」, 종이에 매직

배꽃 마을

박상옥

배꽃 핀 마을
열린 싸리문.

흰나비 날개 위에 뜨는
조각 구름.
흰나비 배꽃 뒤로 숨으면
길 잃은 조각 구름

종종걸음으로
내 어깨에 내려
배꽃으로 핀다.

배꽃 마을 싸리문 옆
하얀 봉지를 달고 싶은
배나무
구름꽃을 달고 선다.

물의 몸짓

정재숙

꿈을 건너야 만나는 강이 있다. 쉬지 않고 꿈틀거리는 푸른 몸뚱이 속에 내 날개를 구겨넣은 이무기가 살고 있는 강이다. 내 푸른 꿈, 이제는 단풍 들어 누렇게, 붉게 변해버린 내 푸르렀던 꿈들도 함께 요동친다. 흐르다가 비늘이 생기면 바다에 가 닿는 잠들지 못하는 영혼들까지 다 따라 들어 뒤척이는 강. 작은 물방울조차 지느러미 꼬리가 되어 숨은 날갯짓을 불러내느라 물살을 거스른다. 강을 빛나게 하는 건 거슬러 오르는 물의 몸짓이다. 푸른 날개가 구겨져 숨어 있는 이무기의 덜 깬 꿈이다. 끝나지 않은 꿈이다.

톱날을 썰며

김연대

비오는 날 한나절을
추녀 끝 낙수 소리 들으며
축담에 구부리고 앉아
이 빠진 줄로 톱날을 썰고 있다
두 발 사이에 톱 끼우고
왼손으로 톱날을 잡고
바른 손으로 줄을 밀면
이 빠진 줄이 톱날에 턱턱 걸린다
세상을 제멋대로 물어뜯고 깨물다가
이젠 배추 잎에도 턱턱 걸리는 나의 치아가
이 이 빠진 줄과 무엇이 다른가
치간에 낀 야채 줄기 같은 하찮은 상념들이
추적추적 내리는 빗소리 사이 끼어들어
이 빠진 줄처럼 빗소리에 턱턱 걸리고 있다

청매화 그림자에 밟히다

정 숙

청매화 피어나는 열사흘 달밤
거울을 보며 물안개 빛 머리카락 비비꼬아 돌리다가
젊은 날 그려두었던 그림을 다시 살펴본다

겨우 원고지 두 장짜리 크기의 한지에
참 많은 꿈 그려 넣었구나
새하얀 물감으로 붉은 연꽃송이들과 연밥들 지워보다가
걷잡을 수 없던 욕심들, 양심에 걸린다
진한 먹물로 그 많은 새와 나비들 마구 지워버린다

흉한 상처로 온통 얼룩자국만 남는 나의 세월들
그 흔적 무게에 짓눌린 나의 한지는
달빛도 지나 가버린 어두운 봄밤을 지새우는데

그래도 미련이 다 지워버리지 못한
창백한 나부상은 슬픈 눈빛으로 도톰한 입술 달싹거린다
노오란 나비 한 마리와
청승스런 봄 달빛 그윽히 바라보면서

그 애의 손

김동원

복사꽃 그림자 두 손은 돌에 묶인 채
연못 속 바닥에 가라앉아 있었다
꽂힌 칼끝에 고인 핏물이 번질 때
찢긴 꽃잎은 눈이 풀리어
물 밖 세상의 노을을 보고 있었지만,
간밤 물 속 잠긴 구름이 검은 머리카락을
건져 올리는 동안,
그 복사꽃 그림자 엄마는
물풀 속 거꾸로 목이 감긴 채
울컥울컥 분홍 피를 내뱉고 있었다

홍매화

박영호

화엄사로 봄나들이 다녀온 아내의
옷깃에 묻어온 매화 향기가
방안 가득 퍼지며 저녁 선잠을 깨운다
뜰에 활짝 핀 매화 향기가 너무 진해
부처님도 보지 않고
홍매화 그늘에서만 맴돌다 왔다 한다
아직도 향기에 취한듯
아내는 이내 단잠에 빠진다
방안에 퍼지는 향기의 미세한 결 속에
싱그런 지리산 바람 소리가 난다

봄날은 간다

장하빈

난분분亂紛紛 꽃잎 지는 봄날
집에서 죽쑤다 말고 강가를 서성거렸다

품속에서 꺼낸 해묵은 시집
북북 찢어 강물에 흘려보내자
내 봄날의 하루도 하염없이 뜯겨 나갔다

연분홍 치마가 봄바람에 휘날리던*
나의 화양연화花樣年華는 어드메?

하늘 신전처럼 떠받든 왕버들 까치집 아래
비스듬히 누워 바라보는
아, 다시 못 올 이승의 오롯한 한때여!

---

*가수 백설희 노래 「봄날은 간다」의 한 소절.

사문진

이해리

잃어버린 것이 잇다
분명 내 것이었으나
이제는 아닌 것이 흘러가는
나루터에 와서 주막에 앉아본다

바람은 복사꽃잎 날리며 건너오는데
강물은 봄바람 저어 깊어 가는데
가버린 것은 오지 않는다
나루터에서 기다리는 것이
배뿐이던가

무슨 말을 하기도 전에
취한 채 떠내려가고 싶다
가슴에 출렁이는 어떤 추억이
다 건나갈 때까지

관행

이자규

고향 옛집에 갔다
갓난아기 재우고 나섰던 사립 밖
남새밭 고랑마다 탱글탱글 젖 도는 모습
봄 햇살 아장아장 자주 넘어지던 곳
육일 장 난전 장작불에 젖 물로 끓어 넘쳤던
갱 조갯국, 섬진강 한 폭이 떠오르는데
눈꼽 낀 우물가
낯선 바람이 멍 든 물속을 보고 있다
고개 돌린 시간들 어쩌지 못해
온몸에 핏물이 번져나간다

구들장 내려앉은 본 채 뒤 서슬 푸른 댓잎들
장고방이거나 댓돌 너머
오랜 궤도의 연원을 흔들어댔으나
더 이상 사라질 수 없는 것들은 그 아무도
대신할 수는 없어
마음 속 가장 위험한 곳에 똬리를 틀고 있다
더듬이 떼고 날개 떼어 구워먹을 수는 있어도
뺏을 수 없는 귀뚜라미 영혼 같은 것,
고향 옛집에 갔다

봄, 소요산招搖山

김상윤

산수유, 목련, 개나리 차례차례 사방을 비추던 꽃 지고

아기 잎새 손짓하는 연두빛 발광체 잠시 빛났던 나무가
점점 민초록으로 평범해진다

사랑을 앓는 사람처럼 성성猩猩은 숲을 헤매고 현명해지려는 사람들은
가슴 속에 미곡迷穀을 넣고 다닌다

꽃을 빚었던 별자리 어느덧
산 너머로 지고 있다

꽃빛 대신 푸른 빛 돋아 설렘 가라앉히는 숲
어미 새가 둥지를 데우고 있다

독

김청수

옛날 헛간에
오래된 독이 하나 있다
쌀독이거나 물독이었거나
금이 가 철사로 얼기설기 엮은 독
오늘은 아무도 바라보지 않지만
독을 빚은 누군가의 마음을 본다

처음 옛집에 왔을 때
갓 시집 온 종부처럼 수줍어
반질반질 웃음 감추려 해도 서방님께 들키던
궁둥이 큰 독
오래 되어 낡고 늙었어도
금간 마음 철사줄로 묶였어도
증조할머니나 할머니처럼 아들 쑥쑥 낳을 것 같은
여전히 궁둥이가 큰 독

오늘은 아무도 바라보지 않는
홀로 깊은 생각에 빠진 속이 깊은 독
무엇인가를 골똘하게 생각하고 있다

등나무

김욱진

등 돌리고 달아나는
봄기운 불끈 잡아당기다
낭패를 본 나무는 안다
속 얼마나 썩어야 등이 휘는지를
양지의 등쌀에 떠밀려
찬밥 신세가 되어본 사람은 안다
속 얼마나 비워야 등 굽힐 수 있는지를
거센 비바람 치는 날
허리 삐끗해본 나무는 안다
등나무의 등이 얼마나 유연한 지를
등성이 한 뼘 먼저 오른 등이
아등바등 뒤따라오는 등 묵을 방 비워주고
한평생 등 굽히며 살아온 등나무
누군가에게
등 한 번 돌린 적 없는 사람은 안다
올곧게 사는 길이 얼마나 고단한 지를

페티시즘의 마리오네트들

윤은희

Ⅰ

아담스채플관 문을 열고 들어갔다

알쏭달쏭 스무명의 마리오네트들 아이폰4s에 나오는 Steve Jobs 1의 사과처럼 신맛을 본다 Jobs 2가 듣고 있는 음악을 만진다 백년의 최면에 기대어 Jobs 3의 얼굴에 귀 기울인다 Jobs 4의 손가락이 쇼팽의 피아노와 현을 위한 녹턴을 두드린다

참 우울한 일이야

Jobs 5의 전두엽에 녹아 든 마리오네트 맨드라미 부풀리듯 끄집어낸다

살아있는 척

Steve Jobs의 시뮬라시옹들은 어린 꿈을 환대한다

Ⅱ

공중그네 타는 스마트폰의 노예들

내일

그리고 오늘

40대 남자의 고장난 시계처럼 역방향으로 매달려 달렸지

일요일의 스마트 상점들

페티시즘에 사로잡힌 하우라에게 천국계단으로 배웅한다

또한 발목의 줄을 풀고 천천히 날아오르는 꿈

어릴 적 물구나무서기를 하고 바라보았던 세상이다

권기철 / 「어이쿠」, 한지 위에 먹

사랑비

김형범

청보리 밭에 가랑비가 내린다
잎사귀에 부딪히며 흐르는 빗물이 차갑다
죽 끓을 듯하는 내 마음
비 오는 날이면 길을 나선다
비가 내리는 저녁
불쑥 내안에 다가온 냉정한 사람
비를 유난히 좋아하던 사람
비가 내리면 돋아나는 시들지 않는 그리움
비가 내리는 날은
먼 곳에 있어도 마음은 어느새 지름길로 달려간다
비가 내리는 밤에는 쉽게 잠들지 못하고
불빛같이 창을 넘어 어둠을 무너트리고
소낙비가 되어 달려간다

2부

어쩌다 여기
자목련 꽃잎이니

식당의자

문인수

장맛비 속에, 수성못 유원지 도로가에, 삼초식당 천막 앞에, 흰 플라스틱 의자 하나 몇 날 며칠 그대로 앉아있다. 뼈만 남아 덜거덕거리던 소리도 비에 씻겼는지 없다. 부산하게 끌려 다니지 않으니, 앙상한 다리 네 개가 이제 또렷하게 보인다.

털도 없고 짖지도 않는 저 의자, 꼬리치며 펄쩍 뛰어오르거나 슬슬 기지도 않는 저 의자, 오히려 잠잠 백합 핀 것 같다. 오랜 충복을 부를 때처럼 마땅한 이름 하나 별도로 붙여주고 싶은 저 의자, 속을 다 파낸 걸까, 비 맞아도 일절 구시렁거리지 않는다. 상당기간 실로 모처럼 편안한, 등받이며 팔걸이가 있는 저 의자,

여름의 엉덩일까, 꽉 찬 먹구름이 무지근하게 내 마음을 자꾸 뭉게뭉게 뭉갠다. 생활이 그렇다. 나도 요즘 휴가에 대해 이런 저런 궁리 중이다. 이 몸 요가처럼 비틀어 날개를 펼쳐낸 저 의자, 저기 잘 내려앉은 의자,

젖어도 젖을 일 없는 전문가, 의자가 쉬고 있다.

저녁밥처럼

박진형

뜯어먹다 만 구름이 저문 하늘에 떠 있다
중절모 쓴 사내는 짐자전거 뒤에 양철 다라이 붙이고
며칠째 길모퉁이에 서 있다 가끔 생각난듯
흰설탕 떠넣고 열심으로 페달 밟는다
아이가 젓가락에 감긴 분홍빛 속살 뜯어먹는 저녁
가슴에 띠 두른 한 무리 아낙들이 지나가고
허물다만 담벼락 아래 먼지 뽀얗게 뒤집어쓴
국화는 목침만한 꽃 달고 낑낑거린다
저문 하늘에 아이가 뜯어먹다만 구름이 떠 있다
불어터진 추억의 저녁밥처럼

자줏빛 紫

박소유

이 빛을 보면 불안하다
몸 아픈 곳을 짚어내는 빛이며
깊게 스며들어 뼛속까지 아린 자주 감자고
혓바닥까지 늘어진 자목련 꽃잎이며
피 터지게 싸우고 난 수탉의 볏이다
구구절절, 피 멍든 생들은
처음부터 그런 빛 그런 몸 지녔으니
더 아플 것 없겠다 쉽게 말하지 마라
세상이 온통 자줏빛이다
누구는 상처를 꽃으로 읽지만
나는 벌써 꽃이 상처로 보인다

벽암록碧巖錄을 읽다·9

노태맹

1.
푸른 용이 사는 붉은 동굴을
몇 번이나 그 괴로움으로 내려갔다 왔느냐.
입에 달고 다닐 달달한 주문이 필요하다면
옛다,
일면불日面佛 월면불月面佛.

2.
바다 위에 뜬 해는 가슴에 안고
강 물 위에 뜬 달은 상징의 둥근 입이 삼켰다.
커다란 뱀 구불구불 미끈거리는 물의 시간을 헤엄치고
이제 이 허구의 고통마저 가슴 뜨겁다 한다면
옛다,
일면불日面佛 월면불月面佛.

3.
봄부터 할매는 전동스쿠터를 타고 와서 불편한 다리로 상추, 고추, 들깨, 가지, 옥수수, 호박, 배추 등등을 땅에서부터 파 내 올렸다. 지금은 키 큰 들깨가 무성히 서서 단단히 익은 햇빛의 시간들이 고통으로부터 탈탈 털리길 기다리고 있다. 난 그것을 봄 여름 가을의 살구나무 그늘에서 보았고, 지금은 할매가 살구나무 아래

에서 달을 올려다보고 있는 중이다.

어쩌면 할매가 알지도 모르겠다,
쭈글쭈글한, 저 일면불日面佛 월면불月面佛.

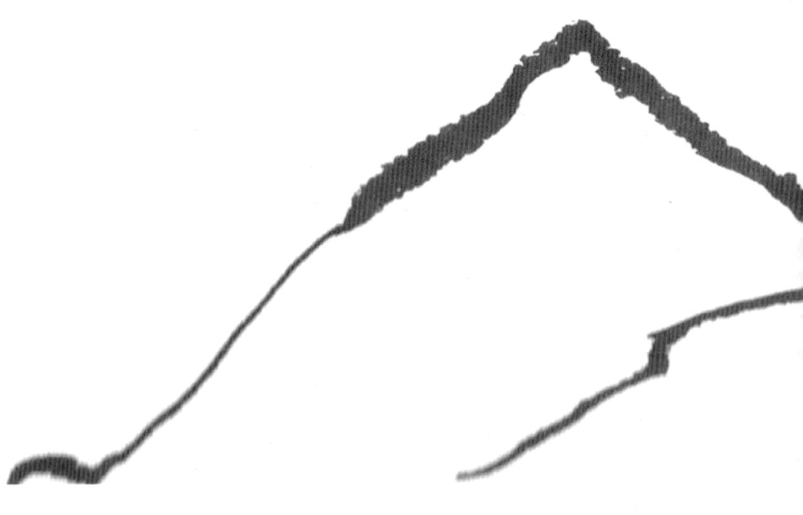

이규목 / 「봄날」, 종이에 매직

자루 속에서

강문숙

자루의 주둥이가 풀리면서 묵은 완두콩이 쏟아졌다.

쪼그라든 껍질, 낱알마다 동그랗게 구멍이 뚫린 채
견딜 수 없이 가벼워진 목숨.
아직도 구멍 속에 코를 박고 있는 바구미들.

수많은 낮 밤을 완두콩과, 완두콩을 갉아먹는
벌레들로, 자루의 속은 얼마나 들썩거렸을까.

푸른 떡잎과 싱싱한 넝쿨손을 갉아 먹히면서
완두콩은 또 얼마나 아팠을까.

벌레를 껴안고 사방으로 굴러가는 완두콩
자루가 해탈한 표정으로 보고 있다.

무한천공을 떠다니는 지구 덩어리
거대한 자루 속, 함께 들썩거리며
나도 쉬지 않고 세상을 갉아먹고 있는 중이다.

완두콩과 벌레와 자루가 서로 껴안고 구를 때
삶은 굴렁쇠처럼 반짝이고 있다.

물고기와 아이

윤희수

발가벗은 아이들 물장구 치고 있다
한 아이는 바람의 가랑이를 붙들고
한 아이는 물살의 지느러미를 잡고 있다

서귀포, 바다가 보이는 언덕
퍼즐게임 같은 나무와 풀잎과 벼랑 사이로
이를 악문 바람으로 살아남아야 할 이유
몽유같은 물살로 놀 져야 하는 이유
모른다. 심심한 채,

벽 한 켠에 붙들려 불꽃 퍼득이는 시간들
은박지 깊숙이서 컹, 컹 어둠을 짖는다
무덤 속에서 세상으로 다리 하나 걸친다

나팔꽃

신구자

어쩌다가 매연으로 찌든
이곳까지 흘러와서
힘겹게 울타리 의지하고 있는가
그래도 한 때는
올망졸망 식솔들 거느리고
아침 햇살에 튀어오르는 싱싱한
숭어같이
희망의 폭죽 팡팡 터뜨리며 환하게
길 밝혔었는데,
칠월 땡볕 아래 몸 부빌 곳 찾아
막무가내 허공 속으로
새벽을 잡아당기며 얼레를 풀고 있는
저 눈물겨운 몸부림

관계

박윤배

간밤 바람 엄청 불었고
아침 테라스 간이의자들

저희들 끼리
한 곳에 몰려
서로가 서로를 붙잡아주는 모습

개중 그대와 나는
테이블과 의자의 관계로
바람 부는 밤을 건넜다는 사실

놀랍지도 않은
본래인 것 같은
운명 같은

수련
—경주 남산에서 9

김영근

영원인 듯 피어 있는 한여름
모네의 수련을 만나다
저 빛을 온전히 볼 수 있는 것은
캔버스 뒤에 어지럽게 엉킨
뿌리 때문인 것을
꺼멓게 고인 못물인 것을
그러니
애써 쌓았다가
아무렇지도 않게 허물어 버리는
네 변덕이 얼마나
나를 사랑하는 것임을,
서출지 한 귀퉁이에 앉아
세월 흐를수록 저 그림 속
설핏 지나는 낮잠이
더 깊고 혼곤한 이유인 것을

차경借憬

김은령

이제 막 피고 있는 석류꽃
꽃 진 자리가 불안한 늙은 산능금나무
어제처럼 그렇게 지는 해
어제 보다 조금 더 비켜서 눕는 내 그림자
가, 있는 마당에
흰나비 한 마리 왔다가 가네
왔다가 그냥 가네

산이 피고 있다

박복조

산이 벌어지고 있다
붉은 해를 두른 흰 꽃잎
여명에 터지는
한 찰나가 눈부시다
도르르 말린 몸 빼내어
흔들리며 주춤주춤 벌어진다
첫울음이 먹먹하다
안나푸르나, 세상 다 가리우며 피었다
여명의 살에 버무린 피 같은 해
그 빛깔로 물들은 꽃이 태어나고 있다
온몸 땀에 젖은 채
벼랑에 한 발을 딛고 서서
이제 산이 다 열려
붉게 품은
산 향기 아찔하다

산이 제 벌거벗은 아랫도리를
내려다보고 있다

능소화, 소리로 피다

서 하

저 나팔소리,
덩어리째 피어나는 붉은 저음
소리에도 색이 있구나

악보처럼 서 있던 담장은
한쪽 어깨가 삐딱하게 허물어지고
골목을 뛰어다니는 꽃샘바람소리 따라
그늘도 덩달아 부우부우
간조롱 접은 꽃잎 속으로 파고드는데

귀 없는 당신,
저 소리 듣고 있나요?

눈 없는 당신,
저 소리 보고 있나요?

나를 쳐내다

최애란

활짝 핀 더위에
바그다드 카페가 문을 열었다
모하비 사막에서 불어온 바람은
한낮을 흔들고
한낮의 그늘을 흔들고
한밤의 그늘까지 흔들어 놓았다
활짝 핀 더위와
정면으로 대치하던 나는
냅다 더위 먹은 문장을 풀어놓는다
놓쳐버린 모래의 문장은
불거진 바람이 짚고 지나가리라
더위에 절인 나를
기웃거리는 바람의 문장
서둘러 걸쇠를 건다
오늘도 빗줄기 한 자락 기다리며
구름 두어 자락 풀어놓았다

분명한 구름

배정향

저 멀리 안개처럼
흩어지는 바다
바닥이 불분명한 산봉우리
구름 봉우리

닿을 데 없는
저 위엔 하늘바다
바라보면 뿌우연 여객선
다가오며 허물어지는
구름 여객선

연풍리 가는 길

이무열

저벅저벅 코 큰 양코백이 쏼라 쏼라 걸어오는 거 자알 보인다.

솜틀집 기계는 숨죽인 솜을 터느라 연신 툴툴 털털, 바께쓰 숯불에 달구어진 양철집 인두는 납땜을 하느라 푸시시식, 도르래 고장 난 왕대포집 판자 문짝은 삐딱하게 열리다 말다 덜컹 덜커더덩, 순댓국집 조선 솥뚜껑은 뿌연 수증기를 뱉어내며 연락부절로 스르렁 스렁, 불콰해진 강냉이 김씨 아저씨와 조선팔도 칼갈이 강 씨거나 운전수 털보의 따따부따 언성은 높아만 가고 오리궁둥이 주모는 뒤뚱뒤뚱 혼자 바빴다.

아슴푸레하여라. 이음매마다 총총 도려낸 깡통 뚜껑을 박아둔 루핑지붕에는 자글자글 햇살 녹아내리고 문득 끝 간 데 없이 장대비가 내렸다. 부인상회 우리양행 파주목욕탕 나무 간판은 반나마 페인트칠이 벗겨진 채 건들거리고, 신영균 최무룡 황정순이 얼굴이 주름잡던 문화극장 옆 낡은 앰프는 신 프로가 들어올 때마다 진종일 왱왱거렸다.

무채색 물감처럼 번져 내려 세상모르게 까무룩 잠이 든 모습이어라. 오종종하거나 꼭 고만고만한 모습의 얼굴들 땅딸막한 지붕 처마들처럼 앞서거니 뒤서거니 이어지고 비켜서는구나. 때로 교회당 첨탑에 걸리던 소싯적 종소리도 숭얼숭얼 낮은 목소리로 깔리는구나.

서울에서 두 시간 남짓 치달려 한 됫박의 그리움과 설렘과 신열이 덕지덕지 껴묻은 곳.

여직도 키 큰 플라타너스 차렷, 열중 쉬엇, 앞으로 나란히 거슴츠레한 신작로엔 먼지 풀풀 날릴 것인가. 검둥이 찝차 꽁무니를 따라 내달리며 헬로우 기브 미 챱챱 초콜렛도! 외치고 싶은, 철조망 녹물 흘러내린 미군부대 담벼락 마다 '접근금지!!! 접근하면 발포함' 양철조각 붉은 글씨 무섭던 경기도 파주군 주내면 연풍리 214번지.

대명동블루스

변희수

아직도 앞산 밑에 대명동이라는 동네는 골목이 많고 키 큰 전봇대가 여전하고 오선지처럼 전깃줄에 걸린 새들이 짹짹짹 입방아를 찧고 아직도 그 동네는 골목을 달려 나오는 소리가 있고 골목을 기어들어가는 꼬리가 있고 대명동은 대명동이 아니랄까봐 보름만 되면 건달 같은 달이 오줄없이 골목을 기웃거리고 아직도 대명동은 유목의 기질이 다분한 글쟁이가 살고 그 글쟁이가 벌이는 한량놀음에 어절씨구 저절씨구 구리구리 사람냄새나 풍기고 냄새 따라 풍류들이 송사리 떼처럼 오글오글 몰려다니고 대명동은 명이 긴 사람들이 가파르게 붙어살아 앞산과 뒷산 사이가 천지지간 大明해서 어화둥둥 둥기둥기 마음의 명동이고.

3부

커피잔에 내려앉은 가을비처럼

미시주의, 또는

이태수

나는 미시적 거시주의자,
아니, 거시적 미시주의자다
둘 다 맞고 둘 다 틀릴 수 있다
둘 다 틀리고 다 맞을 수도 있다
아니, 맞는 게 틀리고 틀린 게 맞다
날이 가고 달이 가고 해가 가고
날이 오고 달이 오고 해가 오고
다시 오고 가고 다시 오다가 가다가 오고 가고
그 오랜 세월 동안 물방울이나 이슬방울들처럼
풀잎에 맺히듯 글썽이고 싶었다
맑고 투명하게 반짝이고 싶었다
작아지면서도 그 외연을 넓히고 넓혀
이 풍진세상을 안아 올리고 싶었다
풍진을 다 떨쳐낸 세상을, 우주를
꿈꾸며 깊이 끌어안고 싶었다
한없이 작아지고 작아지면서
커지고 또 커지고 싶어진다

분홍색은 아프다

박정남

작은 분홍색 알약을 먹는 가을 아침에
분홍색은 아프다
분홍색 하늘을 나는 나비들이 하나둘
자개처럼 쪼개지며 날개를
파닥이고 있다
아득히 하늘에 떠 있다

가을에 분홍색은
구석으로 구석으로 몰리고 있다

쇠약해진 분홍색들이
병원에 가니 푸른 환자복으로 갈아입고
누워 있었다

갈대

김윤현

생각이 깊으면 군살도 없어지는 걸까
삶을 속으로 다지면 꽃도 수수해지는 걸까
줄기와 잎이 저렇게 같은 빛깔이라면
두 손을 가지런히 모으는 묵상이 필요할까
물 밖으로 내민 몸 다시 물속으로 드리워
제 마음속에 흐르는 물욕도 다 비추는
겸손한 몸짓이 꽃의 향기까지 지우네

느릿느릿

변준석

달팽이여
느릿느릿
기어가시라
빛의 속도로 자본이 이동하는
어질머리 3D 모바일의 시대를
이차원의 몸짓으로
천천히
기어가시라
두리번 두리번
주변도 둘러보면서
중심을 향해 질주하는
저 문명의 횡단보도를
진양조 가락으로
건너가시라
느릿느릿
오체투지 삼보일배로
건너가시라

저 어린 것들

황영숙

수없이 많은 솔방울을 달고
소나무는 죽었다

올망졸망한 어린것들
눈이 까맣다

솔잎 누렇게 변해 다 떨어져도
그냥 달려있는 저 어린것들
비바람에 젖고 있는 울음 같은 눈망울들

하늘의 허공을 붙잡고
안간힘으로 버티고 있다

혀

이규리

그 공원 들어 설 때
의자마다
남과 여가 앉아 있었고
돌아 나올 때 그들은 보이지 않았다
의자 위엔
혀가 낙엽처럼 떨어져 있고

떨어진 것들이 공원을 구성하고 있었다

우리, 생각보다 떨어뜨리는 게 많지
중요한 건, 다시 주우러 오지 않는다는 거

우리에겐 늘 많은 현재들만 술렁여서
놓친 풍선은 돌아오지 않는 걸까

공원은 그다지 공공적이지 않은 듯하고
찾아가지 않은 시간들이 쌓여 고궁이라 한다면,

침입자

박주영

화분에 물을 주고 한참을 지나
물 받침을 여니
거기 살찐 지렁이 한 마리 고개 내밀고 있다
기겁을 한 건 징그러워서만은 아니다
뭔가가 나를 엿보고 있었다는 사실!
침입자,
오랫동안 나의 진화를 다 엿본 저것,
아무도 모르지만 저 놈은 안다
내 바스트, 웨스트 사이즈를 칭칭 감으며 팬티 색깔까지……

나는 발이 오그려진다
일상의 행간 사이사이 뱀처럼 숨어 얼마나 자주 나를 훔쳐봐
왔을까
어쩌면 저것은 내 안의 날숨과 들숨까지
지켜보는 눈들 중 하나에 지나지 않을지도 모른다
나도 모르게 찍히고 잡히는 일상,
섬뜩하다

가을 전시회

송광순

가을이 되면 가난한 이는
홀로 작은 전시회를 연다.
빈 가슴에.

척 네온 불빛이
저녁 햇살을 떠나 보내는 시간.
플라타너스 그늘 낮게 드리운
낯선 골목길.
젖은 눈망울 같은 투명한 창과
베이지색 불빛을 가진 찻집.

고독한 여인이 탄 커피 한 잔.
무반주 첼로 소나타.
창 밖에는 소리 없는 가을비 한 줄기.

매년 가을이 되면 그려지는
만나지 못할 풍경 하나

가슴 속 빈 벽에
걸려있는 풍경 하나.

수수

이동백

아버지 기일 앞둔 그믐날
수수밭 스친다
바람도 없는데 수수 흔들린다
시나브로 어둑해진 하산길
어디 먼 데 꽹과리 소리
가슴까지 차오르는 샛강 건널 때
두근두근 들려오는 어머니 다듬이 소리
새이불 한 채 지어두고
어머니 절에 가신다
수수알이 흔들린다
바람도 없는데 어머니
수수보다 더 흔들리신다

단풍

박숙이

그가 물었다
나 어떻게 생각하느냐고

오랜 고심 끝에 나는 대답했다
마음에 담아본 적이 없다고,

그랬더니, 며칠 만에 쓸쓸히 찾아온 그
짐승처럼 저돌적으로 밀고 들어왔다

그것이 본의든 타의든 간에
어쨌든 속수무책으로 서로의 본능을 다 태웠다
아 나의 저항이 오히려
그의 태도를 확실히 불붙도록 만든 셈이 되고 말았으니,

그러니 대책 없이 건드린 죄여
네가 다 책임져라!

꽃향기 국화꽃향기 그리고 하늘

정경진

배내옷 가지런히 잘 갖춰입은
꽃씨, 풀씨, 텃새 둥우리들

눈 뜨지 않은 솜털 고양이처럼
배내짓 연신 해대며
아리랑 고개 미끌려 내려와
버선코 추임새 품으로
사라락 파고들고 있다

놋그릇 홍에 목 축이는
푸른 하늘처럼
내 목젖 촉촉이 젖고 있다

돌의 날개

서영처

엿 듣지 마라
주먹만한 돌이다
씨방 속의 눈처럼 어둠과 손잡고
꽁꽁 쟁여둔 일촉즉발이 있다
무섭게 날아가 꽂힐 것이다
누가
날 잡지 마라
나는 떠돌이별,
오래 굴러다니다 목 쉬어버린
지금은 이 바닥의 돌
빗물에 씻기며
반짝거린다

동화사 가는 길

정경자

시간은 과자 굽는가 보다
봄 여름을 부풀리도록 반죽해 두었다가
가을이 다가오자
동화사 가는 길 단풍나무와 은행잎들
그동안 뜨겁게 달구어진 거대한 오븐 속에 넣고
빨간 애기 손바닥
팔랑팔랑 날아다니는 노란 나비
울긋불긋 노릇노릇
잘 익은 쿠키 구워내고 있다
바람이 후르르 몰려들어
달콤한 향기에 코 벌름거리다가
나뭇가지 살살 간지리며 손 내민다

가을 수채화

류호숙

빈 커피잔에
가을비
내려 앉는다

저 하늘 끝자락
돌아나가는
철새 울음도
내려 앉는다

흐르는 노을 속으로
서 있는
내가
내려 앉는다

여자는 늪을 지니고 산다

신영조

화장기 어린 저녁을 노을 속에 앉히는 여자 아이를 제 꿈 속에 차곡차곡 젓갈 담아두는 여자 남편을 제 눈물 속에 담아 한 번씩 꺼내어 잘라먹는 여자 잘못했다는 단어는 한평생 지워버린 여자 도도한 여자 여자가 무섭고도 아름다운 이유는 여자가 아름답고도 무서운 이유는 우포늪보다 더 깊은 자를 지니고 시꺼먼 밤의 깊이를 재기 때문이다 우포늪보다 많은 물고기를 데리고 다니기 때문이다 비늘이 번쩍이어 늘 눈이 부신 여자 가시연꽃보다 더 뾰죽한 가시를 허리 옆에 찔러 두는 여자 밤의 모음보다 긴 소리를 늪 속에 저장해 두는 여자

벽시계

강지희

한 소녀가 우물 곁에 서 있네요
1시는 한 두레박 초록을
2시는 두 두레박 단풍을 퍼올리고
소녀는 조금씩 어른이 되어 가는데
우물은, 글쎄 늙지도 않네요

한 여자가 우물 곁에 서 있네요
3시는 세 두레박 스치는 햇살을
4시는 네 두레박 물빛 낮달을 퍼올리고
여자는 조금씩 노파가 되어가는데
우물은, 어쩌면 늙지 않을까요

벽에 걸린 낡은 우물에서
출렁출렁 흘러나온 세월이
아이를 잡아먹고
여자를 잡아먹고
노파를 잡아먹는 동안
세상에, 우물도 아직도 그대로네요

권기철 /「어이쿠」, 한지 위에 먹 ▶

칼

심강우

칼에겐 기억이 있다
살에 들어갔다 나온 기억
뼈에 물렸다 풀려난 기억
흥건히 젖은 피를 턴 기억
결국 그것이 칼을 무디게 한다

나도 사람들 마음에 들어갔다
나온 적 있다
사실은 셀 수 없이 많다

무뎌져야 마땅할 텐데
가끔 내 마음에 내가 베일 때가 있다
흥건히 젖은 마음을 털고
날카롭게 벼린 칼끝이
내 심장을 향한다

그때 칼자루는 기억의 손에 있다

4부

하얗게 눈꽃 핀
상수리나무

동백

권운지

어린 투신投身을 놓고 말이 많았다
저 붉은 결단은 분명
고막이 찢어지는 절규일 터
어떤 소리도 들리지 않았던 것이다
아무도 듣지 못했던 것이다
곳곳에 불가청음역이 존재한다
인정해야 한다
소리에도 안과 밖이 있다는 것을
허공에도 장벽이 있다는 것을
붉은 소리를 들어올리는
두 손의 후회가 오래 아리다

산다는 것은

정대호

앞문을 열고 보니
텅 빈 하늘에 달 하나 떠 있더라.
웃는 듯
웠는 듯
할 말이
있는 듯
없는 듯
그렇게 그냥 떠 있더라.

뒷문을 열고 보니
소리 하나 흔들리지 않는
달빛 아래
늘어진 솔가지 사이로
멀리
탑 그림자 하나 흐릿하게 서 있더라.
사리도 없고 돌조각도 없이
허공에 그림자 하나 서 있더라.

뾰족한 밤

우영규

지금 뭐 하느냐고?
너무 걱정하지 마라

등 하나 밝혀놓고
밤이 일찍 무너지지 않게
잘 떠받치고 있다

그대는 애타고 나는 여유롭다

공중에서 밤이 뾰족하다
밤은 밤 아닌 때가 없구나!

그대는 한가하고
나는 뜬눈이다

낮달

김상연

더듬고 있다
까막까치가 노제路祭 지내는
하늘 길도
얼어붙은 아침
상여 밖으로 얼굴 내민
윤곽만 윤곽만 남은 영가靈駕 하나,
파란과 만장으로 지어올린
주름진 삶의 단청
상두꾼 목인들과 반추反芻라도 하려는 듯
영결종천永訣終天 길을
가다 말고
눈꽃이 하얗게 핀
상수리나무 가지 사이로
지나온 길
더듬고 있다

작은 새 14

박창기

벼랑을 사랑하려거든
벼랑에서 서게 될 때를 위하여
마지막 남길 언어들을 기억해 두세
위험에서 용기 있는 말 한 마디는
마지막을 이길 수 있는 희망과 같은 것
수많은 벼랑을 껴안고 사는 산처럼
네 삶의 의식들이 깊어지면 그때
벼랑에서 내려오시게
벼랑을 이긴 그대는 세상을 안을 수 있나니
무릇 작은 돌부리에 걸려 넘어진다 해도
그저 웃을 일이네 잔잔해질 일이네
아름다운 사람이라 불려질 때
그 모습이 가장 자기다운 때이니
잘 살았다 들을 만하네

장작

김호진

골동품 가득한 토속음식점에 갔다
마당 가에 놓인 소쿠리 비에 젖고 있었다
처마 밑 동개동개 쌓은 장작
다 젖지 않을까 걱정되었다
내 마음을 호박넝쿨이 둥글게 말아 올렸다
반쯤 젖은 장작 어깨 위로 둥근 호박잎
쫘악 몸 펼쳐 젖고 있었다
대신 젖는다는 것은
대신 아파한다는 것이다
아픔도 그리움의 모자를 쓰고 익으면
몸 속 깊은 향이 배여난다며
전골찌개 뚜껑 들썩이며 익어가고 있었다

너를 먹고 너를 꽃피울 거야

강해림

너를 먹고 너를 꽃피울 거야 혀가 타들어가는 줄도 모르고 너를 파먹지 막 사정을 끝낸 수사마귀를 잡아먹는 암사마귀처럼 머리부터 야금야금, 새까맣게 타들어간 나는 온데간데 없지만 너 아니면 불모인 내가 짐승 같은 숨소리로 달몸살을 앓는데 차고 이우는데 너는 죽어서도 내 슬픈 자전自轉이야 내 분화구 속에 빠진 나야 얼굴 없는 악몽이야 뜨거운 부재不在야 천지간에 우리 둘만 달랑 남아 깜깜하지 온몸이 달아오르지 순식간에 밀물 들고 썰물 지고 둥둥 만월로 부풀어 오르는데 너를 잉태하고 너를 낳을 거야 파먹을수록 허기가 져 허겁지겁

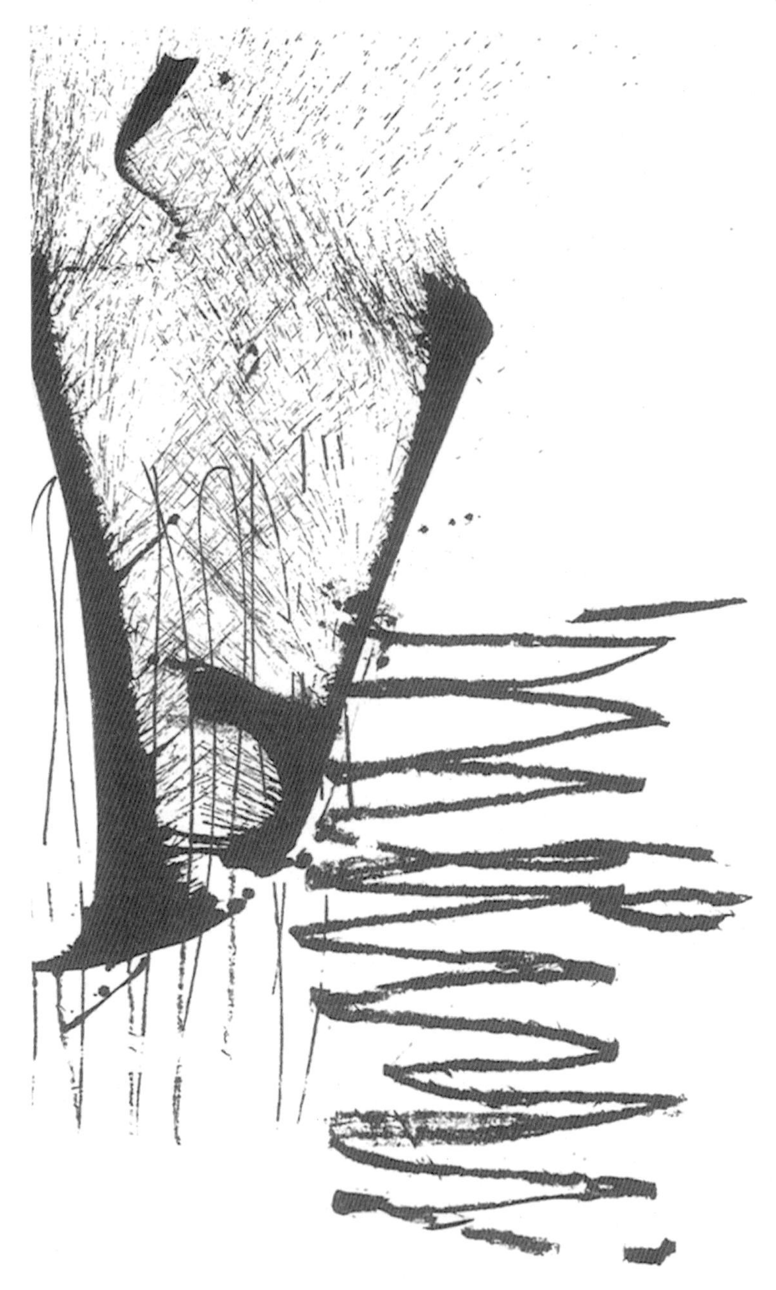

권기철 / 「어이쿠」, 한지 위에 먹

서신

홍승우

친구여, 상처는 풀잎에서 새어나와
어둠 속을 행진하며 휘파람을 긋고, 아비의 아들 되어
머리칼 새로 빠지는 사랑의 말들을 낳는다.
신문지 위로 떨어지고, 술잔 위로 떨어지는 사랑
아이스크림을 먹다 흘려버린 사랑

친구여, 오늘은 하던 일 모두 제쳐놓고
우체국에 가서, 구겨진 사랑의 말들을 주워
다리미로 깨끗하고 반짝이게 다리고 싶다.
엽서에다 그 말들을 정갈하게 적어 넣고 싶다.

친구여, 완행열차 뒤꽁무니에 싣고 달리는
피곤한 삶에 햇볕 비추어
너의 그 꽃 속에 깊이 잠들고 싶다.

입동 무렵

권영호

별 하나
고드름처럼 하늘 한가운데
데롱데롱 매달렸습니다

저 별 하나가
온전한 사랑으로 빛날 수 있도록
뜨거운 가슴이 그리운 계절

이 겨울엔
詩도 차갑게 얼어붙어서
누군가 애타게 그리운 건 아닐까요

그리움은 또 다른 존재를 불러 와
별 하나, 아스라이 내걸었습니다

모마에서 게걸음 걷다

안윤하

전시실에 세면기 하나 높이 걸려 있고
벽을 뚫고 나온 다리 하나가
구두를 신고 있다

이해할 수 없는 설명과
더욱 복잡하게 만드는 평론,
나는 무식한 관객이라고 속으로 말한다
아니, 저들이 수군거리며 혼돈으로 내몬다
현대를 대표하는 예술품이라
모마에 전시돼 있는 걸까
모마에 전시되어 있어 유명해진 걸까
나를 무식하다며 내려보다가
구둣발로 보이지 않게 차고 있는 것일까

쓴 사람도 모르고 읽는 사람도 모르는
시를 앞에 두고 시인이라고 적힌
종이비행기가 허공을 맴돈다
궤도에서 불규칙하게 날다가 곤두박질한다
현대인이 현대 언어를 알아듣지 못한다
벌거벗은 임금님의 옷을 바라보는
나는 어정쩡한 관객일까

누군가가 푸른 비단결 감촉 같고
창의적인 디자인이라고 평을 하면
대각선으로 끄덕이라고 귀엣말을 한다
눈치 살피다가 엉거주춤
현대라는 테두리 안에 왼발을 슬쩍 밀어
넣는다

구태여 벌거벗었다고 말할 필요는 없지
게걸음으로 슬금슬금 빠져 나가야겠다

호박

박경조

베란다에 방치된 채
겨우내 얼었다가 녹았다가
뼛속까지 허공이 된 몸
담장 아래 내다 묻었을 뿐인데

미처 읽어내지 못한 세상사처럼
곁가지만 만들며가는 어리석은 내 방식까지 품어
다시 싹 내리고 꽃피워
칠팔월 땡볕에도 탯줄 맨 끝자리에
잔병치레 잦던 나를 앉혀 다스려낸 당신

—호박은 늙으면 속이라도 달지만
다 늙은 어미 속은 소태맛이라, 아무쓸모 없구나.

당신의 애끓는 노동가 뒤에서 나는 날마다 푸르렀습니다

그랬습니다
마땅하듯 차지한 달디 단 이 꽃자리가
당신 애간장 다 녹여낸 깊은 속이란 것,

무서리 맞고 담장에 걸려있는

마른 호박 줄기 걷어내면서
텅, 쓰디쓴 당신 속 그 소태맛의 배후에
단맛으로만 길들여진, 여태 생 속인 내가 있는 줄
아직 알지 못합니다

새벽 네 시, 혹은

정하해

밤의 안목에 찬양을 적고 있는 십자가

그리하여 어디는 편하고, 어디는 험악했을 밤거리, 빛은 구부렸다 폈다
조용히 사태를 주시하는 척 밝다

세상의 이도 저도 아닌 회개를 놓치고
심장은 다시 악마의 것이다
죄를 단련시키는 일은 가장 잘하는 것 중에 하나다

죄의 단맛
심장에 꽂은 십자가 나는 지옥도에 들어 그 맛에 열중한지 어언 사십 년

죄는 언제나 새벽에 왔다

광양의 버들못

유가형

꽃의 짧은 한나절이
양로원 문 밖에 왔다는 소리에
"아이구! 목욕이라도 해야지 살 것 같다"
그 할머니 어릴 적부터 앓은 관절염으로
손발 오그라들어 마디마다 밖으로
툭툭 불거지고 엉겨 붙은 생강인데
목소리는 줄줄 새는 석새삼베다

회화나무 불거진 아랫도리
꽃바람 찬데
죽음이 울퉁불퉁 튀어나온
저 마디마디를 어쩌나?
저 할머니 어쩌나?

부처

박태진

경주 남산 산비탈에
돌부처 삐딱하게 넘어져 있다.
넘어진 지 수백 년된 듯한데
힘들다 외롭다 하지 않는다.
고개 숙여 밑으로 보니
넘어지면서 다쳤는지
코가 날아가고
상처가 있어도 웃고 있다.
중심이 잡히지 않아, 힘들 텐데
그래도 웃고 있다.
세상이 삐딱하게 넘어진 걸까.

지친 석양이 어깨에 걸터앉아도
아무 말하지 않는다.

질문들

임창아

광화문 글판에 '나였던 그 아이는 어디로 갔을까'라는 글을 읽다가 문득, 나였던 그 아이는 낮이건 밤이건 내 가면을 쓰고 있음을 알았다 집에서 학교에서 길에서 영화관에서 언제나 나를 따라다님을 알았다 내가 웃고 싶을 때 먼저 웃고 내가 울고 싶을 때 먼저 우는, 그 아이 없이 나는 웃지도 울지도 못하였다 내가 화 날 때 대신 열 받고 내가 힘들 때 대신 끙끙 앓는, 그 아이 없이는 사랑도 배신도 못하고 오지도 가지도 못하였다 그 아이로부터 나는 시인이며 엄마며 딸이었다 그 아이는 견딜 수 없는 어떤 것이며 보이지 않는 그 무엇이었다 나를 떠나지 못해 나를 거부하고, 나에게 돌아오기 위해 떠나기도 하는, 굳이 못 볼 것도 없지만 그 아이 절대로 보지 않았으면 좋겠다 나였던 그 아이는 지금도 나이고 싶을까

발우를 말하다

신윤자

낡아 풀리는 바짓단 같은
시절의 발우는
마른 걸레로 잘 닦아 뒤집어 놓으면
수유기 여자의 젖무덤 같다
생전 수식 없는 절제에도
게으름 때문이라며
당신은 가난을 이야기하셨지만
옻칠장단 시아버님 삶은
나이테 속 나르는 흰배추나비처럼
한 생의 발걸음은 가벼우셨겠다
지난한 수행의 진리인
저 발우
중심을 비워서 그릇이 되는 이치가
오늘도 내 소박한 일상에 얹혀
수유를 잃고 너부러진
오염의 주범들을
걱정스레 노려보고 있다

경고문

사윤수

지나친 그리움은 금물입니다
그리움 밭에 들어가지 마시오
그리움이 눈 똥은 주인이 치우시기 바랍니다
그리움에게 먹이를 던져주지 마시오
그리움에게 3m 이상 접근금지
그리움은 수심이 매우 깊으니 들어가서 헤엄치지 마시오
구명복은 좌석 밑에 없습니다
그리움을 우회하시오

겨울 초상

해 인

벽을 문인 양 밀어붙이면서
청춘을 다 흘러 보내고

잠결에 남의 다리 몇 번씩 긁기도 하다가
몇 번인가 뒤집힌 내 밥그릇

앞만 보고 달리다가 더러는
뒤통수 얻어맞은 날은 또 얼마인가?

수천 개의 화살 꽂힌
상처 입은 짐승으로

겨울 내내 나는 웅크리고 있다

5부

허공에
내다 건 깃발

환한 밤

이하석

편의점에서 때우는 늦은 저녁
컵라면 물 끓이며 이미 어제가 되어버린 석간 뒤적이면
세상의, 뉴스라는 일들은 내내 구겨지는 소릴 낸다
빨리 끓는 물엔 라면발과 함께 잘게 썰어 말린 채소가 풀리고 매운 맛이 깊은 밤 속을 부침한다

남자와 여자가 밤의 매듭을 풀거나 엮는
구석은 밤새 소주처럼 환하다
심야 환히 켠 편의점으로 인해 생각의 구석들이 밝아지는 걸까?

온갖 상품들 덮고 있는 불빛처럼
옛 추억은 디자인이나 상표들처럼 잠시 들추어질 뿐인데
등 뒤로 어둡게 날 선 바깥 가진, 불빛에 희게 탄 이들은
편의점에서 도시의 밤을 나누고 사며 카드로 긁는다

사람들마다, 혼자 좀 더 밝은 생각의 삼파장 형광 전구 갈아 끼우며

어떤 풍경

이진흥

당신이 산이라면 나는 강, 나는 당신을 넘지 못하고 당신은 나를 건너지 못합니다 천년을 내게 발을 담근 채 당신은 저 건너에만 눈길을 두고, 만년을 당신 휩싸고 돌며 나는 속으로만 울음 삭였습니다 그렇게 세월 지나 당신의 능선 위로 별빛 기울고 나의 물결 위로 꽃잎 떨어져 당신은 죽고 나도 죽었습니다 그리고 이제 우리의 주검 돌아보니 산은 첨벙첨벙 강 속으로 들어가고 강은 찰랑찰랑 산의 허리 감싸 안고 흘러갑니다 그렇습니다 우리는 슬픔도 그리움도 모두 잊어버리고 푸른 하늘 너울너울 날아다니는 새들 바라보며 골짜기에 보얗게 안개 피워 올리는 그런 풍경이 되었습니다.

숲에서 온 편지
—산중일기·7

정유정

불면의 어떤 날은 꿈꾸지 않고도 달같은 얼굴 보인다 숲 근처에 머문 새벽녘, 한 장의 편지처럼 바람에 불려와 떨어지는 붉은 잎. 그대가 보냈을까 나의 달 나의 숲엔 아무 일도 없다고

황금빛 작은 달이 산 위에서
집으로 돌아가는 나를 보고 있다
누군가에게 사랑하는 마음 보태고……
짧은 시간 속 길고 긴
웃음 물고 집으로 간다

편지

윤일현

그대와 함께
동화사 염불암, 은해사 중암암
깊은 산속 외딴 기도원에 오르고 싶네
달빛 너무 황홀하고 고요해
잠들지 못하는 산사의 밤
계곡을 일깨우는 폭포수로 기둥 세우고
별빛 달빛으로 기와 빚어
천년을 버티는 집 한 채 지어
젖빛 은하는 우물로 삼고 싶네
그대 맑은 새벽을 위해
그대 가슴에 조용히 스며드는 종소리를 위해
나 한 마리 목어가 되리라
세속은 잠시이고
그대 맑은 눈빛 영원하리니
나 은하에 몸 씻고
바람에 오욕 날려 버리고
그대 귓가에
청량한 솔바람 소리 전해주는
미풍에도 흔들리는 풍경이나
기도원 작은 종으로 매달려 있고 싶네

명함 유감

고희림

프레스에 눌려 납작하게 엎드린, 숫자와 문자들로 구워진 한 개 인사는
당신의 그 물갈퀴 같은 손바닥을 타고 내게로 건너오기 전
당신의 가죽비린내 지갑 속에서
얼마나 흔들리고 터지고 싶었나요
당신이 허공으로 내다 걸 깃발
당신이라는 종이폭죽 말이에요

햇살 아래 반짝, 비가 오나 눈이 오나 마찬가지였겠지만
나와 당신의 교류는 순식간에 이번 한 번이거나
조롱이거나, 서로에게 미쳐버리거나 할 수도 있을텐데
껌 씹는 문장들까지 나서서
어떻게 그렇게 삽시간에 건너왔을라구요
이런 생각, 당신의 그 찝찝한 착각 같은 종이인간 말이에요

유병찬 / 「산」, 사진

생에 대한 예의

김현옥

내 생엔 왜
그럴듯한 서사가 없고
이미지만으로 기억될 서정뿐인가
한때 그게 궁금했다

누군가에게 자랑스럽게 뽐어낼
스토리가 없다는 건
잘못 살아온 것인가?

일찍 핀 꽃들이 부러운 때도 있었다
일찍 핀들 늦게 핀들 무슨 상관이랴 싶어지니
늦은 꽃들에게 시선이 갔다
마침내 피워낸다는 게 너무 경이로워
길바닥에 주저앉아 피어난 쬐끄만 풀꽃에게
와우, 야 반갑다, 축하해!

다만 한 번은 꽃 피워내고 이 땅을 떠나는 것이
생에 대한 예의 같다
서사든 서정이든 여기든 저기든
꽃의 토양은 씨앗의 날개에 달린 일

어쩌랴, 안간힘으로

화알짝, 우두둑! 기지개 펴보자꾸나

소리에 젖다

김기연

오지게도 내린다
삼월 한밤 내내
두터운 침묵 두드리는
푸른 빗소리
안으로 동여맨 섶 풀어내어
차박차박 적시고 있다
부풀리고 있다

꿈속까지 따라와
하염없이 수런대는 댓잎 같은
그대처럼

지금 지상은
제 소리에 겨워 우는
타악기이다

길

문차숙

그대도 저 강물처럼 깊어집니까
강가에서 가만히 물속을 들여다보니
한없이 깊어집니다
끝이 보이지 않는 물속처럼
당신에게 빠져드는 내가
말로만 끈을 놓고
실제는 더 단단히 묶어가고 있습니다
저 강물이 바닥을 보일 때까지
퍼덕이는 물고기처럼
몇 번이고 뒤집기를 할까 봅니다
당신에게 가는 길

폭포 앞에서

황인동

물이 벼랑 끝에 서 있다
뛰어 내릴지언정
물러서지는 않을 기세다
저건 오기가 아니고 천성이겠지만
뛰어 내리는 데는 다 사연이 있을 거다
부딪혀서 깨어지면서도
겁도 없이 뛰어 내리는 저 폭포수처럼
지금 내가 벼랑 끝의 물이 되어
사정없이 뛰어 내린다
너에게로……

강

박지영

앉아보세요
언제부터인가 내 안에서 강이 흘러요
강물 소리 들리지 않나요
발목을 적시며 흐르던 강물
예까지 흘러왔어요

들여다보고 있으면
깊고 푸른 거울을 보는 것 같아요
강바닥에 누가 엎드려 울고 있어요
당신인가 봐요 앉아보세요
언제부터인가 내 눈 속으로 흐르고 있어요

사랑
—시에게

장혜랑

짓누르는 거센 힘이 될 줄 모르고
그림자도 없이 서서히 다가온 너를 안는다
말 없는 나를 물이라 부르며
한 마리 물고기처럼 숨어

애인의 깊은 행장에는
뛰는 심장의 바퀴소리 하나로
푸른 수첩에 쓰는 비밀한 기쁨의 기록을
모두 쌓아 두었는데

가슴앓이로 종기 든 너 불러내
세상에게 들키고 싶은
우리의 내역은
실핏줄에까지 뻗은
서로의 그리움을 들여다 보았을 뿐이다

자귀나무

김세현

잠시 잠이 들었던가
분홍빛 향기가 코를 간지럽힌다

분솔 같은 자귀꽃으로
내 풋잠을 깨우던 사람
자귀나무가 서 있던 커피숍의
작은 연못을 건너온 그의 미소가
커다란 창에 물결처럼 파문진다

목마른 봄 끝, 자귀꽃은 녹아
다시는 내 뺨에
분홍빛 연지를 바를 수 없지만
뜨거운 여름이 지난 자리에
자귀나무도 사라지고 없지만
자귀꽃 피면
나도 몰래
분홍물 드는 내 얼굴

아직도 연못을 건너오는
그의 그림자

그날 이후

구양숙

술이 늘었다

뜻 없이 창밖 풍경에
넋이 나가기도 하고

손금이 꼭 닮았다며 웃던
고른 잇속이 생각나
그 목소리 손에 잡힐 듯 가까워져도

대체 사람과 사람 사이는
얼마나 먼가

새삼 솟구치는 눈물
천 날 같은 하루

시집을 읽으며

문수영

첫 장을 넘길 때 어깨에 날개가 돋았다

한동안 깊은 계곡에서 길을 잃기도 했다

심마니,

나뭇가지 사이 보이는 그를 불러본다

유병찬 / 「소리없는 빛의 노래」, 사진

쇠와 사랑은 Ⅰ

김창제

쇠하고 오래 살면
사람 몸에서도 쇳소리가 난다.
때론 쨍그렁하고
때론 찡그렁하고
고요도 부딪히면 쭈그러지고 상처가 되듯,
속으로 우는 울음은 붉은 꽃으로 피고
서로가 어깨를 기대면
단단한 벽이 되고 모서리가 생긴다.

쇠도 사랑을 한다
등과 등이 용접된 채
사랑의 바람을 껴안는다
왜, 사랑은 오래일수록 목이 마르는지
엉겨붙어 붉게 녹슬어간다
제 살을 찢어 또 다른 세상 열듯이
쇠와 사랑은
더 뜨겁게 지져야 서로 돌아선다

쇠와의 사랑이 뜨거워지면
서로가 서로에게 녹아 하나가 된다.

완경기

김위숙

내 얼굴 붉어져요 화들 차오르는 숨결이 또 변덕을 부려요 숨결은 변덕 심한 내 안을 훑고 가듯 온몸을 흔들어요 가만히 서 있어도 절로 흔들려요 흔들흔들 내 등을 타고 땀방울들이 들풀처럼 스르륵 드러눕기도 해요 그러면 내 온몸은 또 변덕을 부려요 후끈 전율이 일어나요 새파랗게 부푼 땀방울들 등줄기 타고 봇물처럼 쳐들어올 때 폐부 깊숙이 갱엿 졸아드는 소리, 와글거려요 그 소리 마치 호미로 파고 엎는 것 같이 내 몸 뒤적여요 갱엿처럼 졸아드는 나이 육십 소심한 내 맘 걸어 잠궈도 마른 번개 소용돌이치니 겨울햇살에도 눈 시린 나는,

백일몽

노현수

대낮에 아주 잠깐
깜박 기대어 잠든 내 옆자리에
부패한 시체 걸어 들어와
내 곁에 나란히 누웠다

나는 살아있다
입 안 가득 문
수없는 말을 뱉어내는
또 한 여자

짐승처럼 울부짖으며 달아난다
아무리 발버둥 치고 소리쳐도
떼어지지 않는 발자국
나오지 않는 목소리
도처에 길은 천 길 절벽뿐
시간의 바깥으로 걸어나가는
내 안의 또 다른 난 누구인가
꿈은
철저하게 몇 명의 여자를 내 속에 숨겨놓고 있다

꽃무릇

박언숙

그대 숨소리 지척에서 들렸어요

내 발길은 얼마나 바빴는지
아직 길은 하염없이 남았다 그랬지요
분명 이 길은 그대에게 가는 길인데
나 꽃 피운 자리가 약속한 그 자리 맞나요
혼자 걷는 길이 외롭고 아득하니
속히 뒤따라 나서라는 당부 잊지 않았지요
어디쯤에서 소리쳐 불러도 봤어요
그대 숨소리는 지척에서 들리는데
평생 못 지킬 우리의 약속
파도가 바위 무릎에 누워볼 날 염원하듯
그대 푸른 잎에 기대어 꽃 한 번 피워 봤으면
나 그대에게 가는 길 아직도 몰라
붉은 울음 무덕무덕 세워둡니다

젖은 눈물자리에서 오도가도 못합니다

그립다는 말의 거리

신표균

그리움의 거리 말인가

쓸려가는 파도에 실어보내면

밀물로 가늠해서 돌아올는지

포말이 잦아든 자리

파도는 다시 철썩이고

얼마나 더 그리워해야

그 그리움 끝 다다를 수 있을는지

불면

홍영숙

지조 없이 돌아가는 풍향계 불면 이리저리 몰려다니는 개미떼 불면 뿌리 채 뽑혀나간 내 심장 불면 떠오르는 시체 불면 술렁거리는 교실 불면 밝혀지는 진실 혹은 거짓 불면 파르르 떨고 있는 작은 촛불 불면 불편한 면상 불면 삑 소리 지르는 음주측정기 불면 획 돌아가 버리는 체중계 통통 불면 터지는 면발 호호 불면 맛있는 호빵 후우 불면 귓바퀴 발갛게 피어나는 가시연 뚜우우 불면 안개 속으로 사라져간 세월 호 오호 불어주고 싶은 아이 차가운 두 손 불면 긴 어둠의 끝 대롱대롱 매달린 잠 불면 꿈꾸고 싶어 불면 화르르 날아오르는 꿈 불면 양들은 벌써 꿈들었데 이 꿈도둑! 잠자리를 펴고 주문을 외어봐, 잠자리잠리자리자잠자잠리 잠자리잠리자리자잠자잠리…… 방안 가득 날아다니는 잠,자,리 떼 날개 부딪히는 소리 그만! 그만

까치집이 비었다

권분자

아슬아슬한 나뭇가지 위 205호는
비어있는 노인의 집

지나가는 바람이 그 빈 공간에
죽은 노인의 실화를 바탕으로
하나하나 허구를 채워나간다

욕망, 꿈, 한숨, 허탈함까지 가득 담겨진 둥지 안
상상과 환상과 허구가 혼재되면서
이야기는 실제를 넘어 허공 어딘가에 딱! 걸려
빡빡한 삶도 헐렁해지라는 주문
불러들인 까치는 생전의 노인이 그러했듯
목청이 좋다

허공에 걸린 것들은 왜곡하기에 좋아!
불안정하게 걸린 노인의 이야기를
짧은 순간에 날쌔게 잡아챈 찰나 속에
까치는 글감이 풍부해진 소설가가 된다

빙글빙글
허공을 선회하다가

이제 빈집이 아니라고
한 덩이 배설의 쾌감을 내려놓는다

나리 플라워

심수자

비닐하우스에서 자란 꽃송이들이
버스정류소 앞 나리꽃집에 모여 있다

누군가에게 기쁨을 주기 위해
누군가의 이별을 위로하기 위해
자궁 안쪽을 힘껏 오므린 꽃들
어디론가 떠나기 위한
유리 안에 모여 환승구역 내다보고 있다

싱글벙글 앞줄의 꽃들은
분명 축하화환으로 세워지려 하고
이미 근조화환으로 세워질 것을 아는 흰꽃들은
뒤쪽에서 기도하듯 다소곳하다

만남과 떠남이 교차하는 순간에도
버스 기다리는 사람들 눈길은
슬쩍슬쩍 가게 안, 꽃들을 엿본다

프로필

수록 시인
수록 작가

Daegu Artist

수록 시인

강 문 숙
1991년《매일신문》신춘문예, 1993년《작가세계》로 등단
시집『잠그는 것들의 방향은?』,『탁자 위의 사막』,『따뜻한 종이컵』출간

강 지 희
2009년《문화일보》신춘문예로 등단

강 해 림
1991년《민족과 문학》,《현대시》로 등단
시집『구름 사원』,『환한 폐가』,『그냥 한번 불러보는』출간

고 희 림
1999년《작가세계》로 등단
시집『평화의 속도』,『대가리』등 출간

구 양 숙
1991년《우리문학》으로 등단
시집『봄날은 간다』,『누구도 아닌 당신에게』출간

권 분 자
2013년《월간문학》으로 등단
시집『너는 시원하지만 나는 불쾌해』출간

권 영 호
1995년《문예한국》으로 등단
시집『바람은 속도계가 없다』출간

권 운 지
1982년《현대시학》으로 등단
시집『빈집의 나날』,『소작인의 가을』,『갈라파고스』출간

김 기 연
1993년《한국시》로 등단
시집『노을은 그리움으로 핀다』,『소리에 젖다』,『기차는 올까』출간

김동원

1994년 《문학세계》로 등단
시집 『시가 걸리는 저녁 풍경』, 『구멍』, 『처녀와 바다』, 『깍지』 출간

김상연

1989년 《우리문학》으로 등단
사화집 『배추흰나비의 시간』, 『적갈색 고요』 등 출간

김상윤

2002년 《문학세계》로 등단
시집 『슈뢰딩거의 고양이』 출간

김선굉

1982년 《심상》으로 등단
시집 『밖을 내다보는 남자』, 『철학하는 엘리베이터』, 『나는 오리 할아버지』 등 출간

김세현

1999년 《죽순》, 2001년 《월간문학》으로 등단
사화집 『배추흰나비의 시간』, 『적갈색 고요』 등 출간

김연대

1989년 《예술세계》로 등단
시집 『꿈의 해후』, 『꿈의 회향』, 『아지랑이 만지장서』, 『나귀 일기』 등 출간

김영근

1993년 《시와반시》로 등단
시집 『행복한 감옥』, 『호퍼씨의 일상』 출간

김욱진

2003년 《시문학》으로 등단
시집 『비슬산 사계』, 『행복 채널』, 『참, 조용한 혁명』 출간

김원중

1953년 《서울신문》으로 등단
시집 『별과 야학』, 『과실 속의 아가씨』, 『별』 등 출간

김위숙

2002년 《현대시》로 등단
시집 『내 남편 김의부씨의 인생 궤적』 출간

김 윤 현

1984년 《분단시대》로 등단
시집 『적천사에는 목어가 없다』, 『들꽃을 엿듣다』, 『발에 차이는 돌도 경전이다』 출간

김 은 령

1998년 《불교문예》로 등단
시집 『통조림』, 『차경』 출간

김 창 제

2000년 《대구문학》, 《자유문학》으로 등단
시집 『고물장수』, 『고철에게 묻다』, 『녹, 그 붉은 전설』, 『경계가 환하다』 출간

김 청 수

2005년 시집 『개실마을에 눈이 오면』, 2014년 《시와사람》으로 등단
시집 『차 한 잔 하실래요』, 『생의 무게를 저울로 달까』, 『무화과나무가 있는 여관』 출간

김 현 옥

1994년 《영남일보》 신춘문예, 1997년 《매일신문》 신춘문예로 등단
시집 『언더그라운드』, 『니르바나 카페』, 『그랑블루』, 『룸펜들』 출간

김 형 범

2010년 《사람의문학》으로 등단
사화집 『13시』 출간

김 호 진

1994년 《심상》으로 등단
시집 『생강나무』 출간

노 태 맹

1990년 《문예중앙》으로 등단
시집 『유리에 가서 불탄다』, 『푸른 염소를 부르다』, 『벽암록을 불태우다』 출간

노 현 수

2003년 《시세계》, 《다층》으로 등단
시집 『방』 출간

류 호 숙

2003년 《문예비전》으로 등단

문 수 영

2005년 《중앙일보》 신춘문예로 등단
시집 『푸른 그늘』, 『먼지의 행로』 출간

문 인 수

1985년 《심상》으로 등단
시집 『뿔』, 『홰치는 산』, 『동강의 높은 새』, 『쉬!』, 『배꼽』 등 출간

문 차 숙

1990년 《시문학》으로 등단
시집 『사랑은 저지르는 자의 몫이다』, 『앞지르기』, 『빈 집에 돌아오다』, 『나는 굽 없는 신발이다』 등 출간

박 경 조

2001년 《사람의 문학》으로 등단
시집 『밥 한 봉지』, 『별자리』 출간

박 방 희

1985년 《일꾼의 땅》, 《민의》, 《실천문학》 등으로 등단
시집 『불빛 하나』, 『세상은 잘도 간다』, 『정신이 밝다』, 『복사꽃과 잠자다』 등 출간

박 복 조

1996년 시집 『차라리 사람을 버리리라』로 등단
시집 『세상으로 트인 문』, 『빛을 그리다』, 『말의 말』 출간

박 상 옥

1993년 《심상》으로 등단
시집 『내 영혼의 경작지』, 『허전한 인사』, 『세월걸음』, 『아버지의 시간』 출간

박 소 유

1988년 《부산일보》 신춘문예 당선, 1990년 《현대시학》으로 등단
시집 『사랑 모르는 사람처럼』, 『어두워서 좋은 지금』 출간

박 숙 이

1998년 《매일신문》 신춘문예 동시, 1999년 《시안》으로 등단
시집 『활짝』 출간

박 언 숙
2005년《애지》로 등단
사화집『13시』 출간

박 영 호
1992년《시와시학》으로 등단
시집『산길에서 중얼거리다』,『바람에게 길을 묻다』 출간

박 윤 배
1989년《매일신문》 신춘문예, 1997년《시와시학》으로 등단
시집『쑥의 비밀』,『얼룩』 등 출간

박 정 남
1975년《현대시학》으로 등단
시집『숯검정이 여자』,『명자』,『꽃을 물었다』 등 출간

박 주 영
1995년《심상》으로 등단
시집『문득, 그가 없다』 출간

박 지 영
1992년《심상》으로 등단
시집『서랍 속의 여자』,『귀갑문 유리컵』,『검은 맛』 출간

박 진 형
1985년《매일신문》 신춘문예, 1989년『현대시학』으로 등단
시집『몸나무의 추억』,『풀밭의 담론』,『너를 숨쉰다』,『퍼포먼스』,『풀등』,『고마 됐다』 등 출간

박 창 기
1990년 시집『열림을 위한 넋두리』로 등단
시집『또 다른 나를 찾아서』,『바다경전』,『작은 새』 등 출간

박 태 진
2008년《문장》으로 등단
시집『물의 무늬가 바람이다』 출간

배 정 향
2003년《문학예술》로 등단

백 종 식

1988년 《시문학》으로 등단
시집 『록키산맥의 국어선생』, 『나는 섬이 되고 싶다』, 『그리운 무게』 출간

변 준 석

1991년 《문학세계》로 등단
시집 『이 세상 아름다운 꽃밭이 될까』 출간

변 희 수

2011년 《영남일보》, 2016년 《경향신문》 신춘문예로 등단
사화집 『13시』 출간

사 윤 수

2011년 《현대시학》으로 등단
시집 『파온』 출간

서 영 처

2003년 『문학/판』으로 등단
시집 『피아노악어』, 『말뚝에 묶인 피아노』 출간

서 하

1999년 《시안》으로 등단
시집 『아주 작은 아침』, 『저 환한 어둠』 출간

신 구 자

1994년 《대구문학》, 《불교문예》로 등단
시집 『낫골 가는 길』, 『지금도 능소화는 피고 있을까』 출간

신 영 조

2005년 《현대시학》으로 등단

신 윤 자

2010년 《문장》, 2011년 《심상》으로 등단
사화집 『13시』 출간

신 표 균

2006년 《유심》, 2007년 《심상》으로 등단
시집 『어레미로 본 세상』, 『가장 긴 말』 출간

심강우

1996년 《동아일보》 신춘문예 동화, 2012년 《경상일보》 신춘문예 소설로 등단
시집 『색』 출간

심수자

2014년 《불교신문》으로 등단
시집 『술뿔』, 『구름의 서재』 출간

송광순

1995년 《심상》으로 등단
시집 『나는 목수다』 출간

안윤하

1998년 《시와시학》으로 등단
시집 『모마에서 게걸음 걷다』 출간

우영규

1984년 《대한매일일보》 신춘문예, 1989년 《시맥문학》으로 등단
시집 『人愛』, 『여왕개미와 도동댁』, 『꼰대』 출간

유가형

2001년 《문학과 창작》으로 등단
시집 『백양나무 껍질을 열다』, 『기억의 속살』 출간

윤은희

2009년 《무등일보》신춘문예, 2011년 《시와세계》로 등단
시집 『아르정탱 엿보다』 출간

윤일현

1994년 시집 『낙동강』으로 등단
시집 『꽃처럼 나비처럼』 등 출간

윤희수

1991년 《현대시학》으로 등단
시집 『드라이플라워』, 『풍경의 틈』, 『정곡』 출간

이규리

1994년 《현대시학》으로 등단
시집 『앤디 워홀의 생각』, 『뒷모습』, 『최선은 그런 것이에요』 출간

이 동 백

1996년《현대시》로 등단
시집『수평선에 입맞추다』,『대구선』 출간

이 무 열

1996년《대구일보》, 1997년《매일신문》 신춘문예 동화 당선, 2013년《유심》으로 등단
사화집『오리 시집』 출간

이 유 환

1984년《현대시학》으로 등단
시집『異邦人의 강』,『용지봉 뻐꾸기』 출간

이 자 규

2001년《시안》으로 등단
시집『우물 치는 여자가 있음』,『돌과 나비』 출간

이 진 흥

1972년《중앙일보》로 등단
시집『칼 같은 기쁨』,『어디에도 없다』 등 출간

이 태 수

1974년《현대문학》으로 등단
시집『그림자의 그늘』,『물속의 푸른 방』,『침묵의 푸른 이랑』,『침묵의 결』,『따뜻한 적막』 등 출간

이 하 석

1971년《현대시학》으로 등단
시집『투명한 속』,『김씨의 옆얼굴』,『측백나무 울타리』,『상응』 등 출간

이 해 리

1998년《사람의 문학》으로 등단
시집『철새는 그리움의 힘으로 날아간다』,『감잎에 쓰다』,『미니멀 라이프』 출간

임 창 아

2009년《시인세계》로 등단

장 하 빈
1997년 《시와 시학》으로 등단
시집 『비, 혹은 얼룩말』, 『까치 낙관』 출간

장 혜 랑
1996년 《현대문학》으로 등단
시집 『바람의 입』 출간

정 경 자
2002년 《문예비전》으로 등단
시집 『수수껍질』 출간

정 경 진
2001년 《시현실》로 등단

정 대 호
1984년 《분단시대》로 등단
시집 『다시 봄을 위하여』, 『겨울산을 오르며』, 『지상의 아름다운 사랑』, 『어둠의 축복』, 『마네킹도 옷을 갈아입는다』 출간

정　숙
1991년 《시와시학》 신인상으로 등단
시집 『신처용가』, 『위기의 꽃』, 『불의 눈빛』, 『청매화 그림자에 밟히다』 등 출간

정 유 정
1992년 《현대문학》으로 등단
시집 『보석을 사면 캄캄해진다』, 『아무도 오지 않았다』 출간

정 재 숙
1989년 『네 시린 발목 덮어』로 등단
시집 『몽산집』, 『이런 날이 왔다』 출간

정 하 해
2003년 《시안》으로 등단
시집 『살꽃이 피다』, 『깜빡』, 『젖은 잎들을 내다버리는 시간』 출간

최 애 란
2006년 《심상》으로 등단

해 인
2012년 《시와 시학》으로 등단

홍승우
1995년 《동서문학》으로 등단
시집 『식빵 위에 내리는 눈보라』 출간

홍영숙
2006년 《시선》으로 등단

황영숙
1990년 《우리문학》으로 등단
시집 『은사시나무 숲으로』, 『따뜻해졌다』 출간

황인동
1991년 《대구문학》으로 등단
시집 『작은 들창의 따스한 등불 하나』, 『비는 아직 통화중』, 『뻔 한 일』 출간

수록 작가

권기철
1963년 경북 안동 출생, 경북대학교 미술과, 영남대학교 대학원 졸업. 개인전 40회(대구, 서울, 부산, 일본 등), 화집 『바람 소리 권기철』, 『권기철』 등 출간하다.

이규목
1952년 경북 고령 출생, 개인전 17회, 그룹전 300여 회 가지다.

유병찬
1967년 경북 영천 출생, 계명대학교 도시공학과 졸업, 블로그에 닉네임 유레카로 포토에세이 활동 중, 포토에세이 『소리 없는 빛의 노래』 출간하다.

행복, 詩로 답하다

초판 인쇄 2017년 12월 11일
초판 발행 2017년 12월 15일

지은이 / 대구시인협회
펴낸이 / 박 진 환

펴낸 곳 / 만인사
출판등록 / 1996년 4월 20일 제03-01-306호
주소 / 41960 대구광역시 중구 명륜로 116
전화 / (053)422-0550
팩스 / (053)426-9543
전자우편 / maninsa@hanmail.net
홈페이지 / www.maninsa.co.kr

ISBN 978-89-6349-110-3 03810

값 15,000원

* 이 도서의 국립중앙도서관 출판시도서목록(CIP)은 서지정보유통지원시스템 홈페이지(http://seoji.nl.go.kr)와 국가자료공동목록시스템(http://www.nl.go.kr/kolisnet)에서 이용하실 수 있습니다(CIP제어번호 : CIP2017032856).